Jeddu Krishnamurti

LA VIDA LIBERADA

EDICIONES OBELISCO

Si este libro le ha interesado y desea que le mantengamos informado de
nuestras publicaciones, escríbanos indicándonos qué temas son de su interés
(Astrología, Autoayuda, Ciencias Ocultas, Artes Marciales, Naturismo,
Espiritualidad, Tradición...) y gustosamente le complaceremos.

Puede consultar nuestro catálogo en www.edicionesobelisco.com

Colección Libros Singulares
LA VIDA LIBERADA
Jeddu Krishnamurti

1.ª edición: marzo de 2011

Maquetación: *Marta Rovira*
Corrección: *M.ª Jesús Rodríguez*
Diseño de cubierta: *Enrique Iborra*

© 2011, Ediciones Obelisco, S. L.
(Reservados los derechos para la presente edición)

Edita: Ediciones Obelisco S. L.
Pere IV, 78 (Edif. Pedro IV) 3.ª planta, 5.ª puerta
08005 Barcelona - España
Tel. 93 309 85 25 - Fax 93 309 85 23
E-mail: info@edicionesobelisco.com

Paracas, 59 C1275AFA Buenos Aires - Argentina
Tel. (541-14) 305 06 33 - Fax: (541-14) 304 78 20

ISBN: 978-84-9777-708-7

Reservados todos los derechos. Ninguna parte de esta publicación,
incluido el diseño de la cubierta, puede ser reproducida, almacenada,
transmitida o utilizada en manera alguna por ningún medio, ya sea
electrónico, químico, mecánico, óptico, de grabación o electrográfico,
sin el previo consentimiento por escrito del editor. Diríjase a CEDRO
(Centro Español de Derechos Reprográficos, www.cedro.org)
si necesita fotocopiar o escanear algún fragmento de esta obra.

¡ YO SOY LA VIDA !
No tengo nombre;
Soy como la fresca brisa de los montes.
No tengo asilo;
Soy como las aguas sin dique.
No tengo santuarios cual los dioses misteriosos,
Ni estoy en la cúpula de los templos solemnes.
No tengo sagradas escrituras,
Ni estoy atado a la tradición.
No estoy en el incienso
Que sube a los altares
Ni en la pompa de las grandes ceremonias,
Tampoco estoy en la dorada imagen,

Ni en las notas de un órgano suntuoso.
No estoy limitado por teorías,
Ni corrompido por creencias.
No soy esclavo de las religiones,
Ni de la pía asistencia.
De sus sacerdotes.
No soy engañado por filosofías;
Ni el poder de sus sectas me da nombre.
No soy humilde ni conspicuo
Ni apacible ni violento;
Yo soy el Adorador y el Adorado,
Yo soy Libre.
Mi canción es la canción del río
En su anhelo por la mar es inmenso
Divagando, divagando, divagando...
¡YO SOY LA VIDA!

1. El propósito de la vida

Cuando despertaba la luz y la brisa transportaba el perfume del alba, vi un águila que al valle descendía de la cumbre de la montaña, sin agitar las alas, y allí desapareció entre las sombras de las negras montañas. Al terminar el día la vi retornar a su nido entre las cumbres de la montaña, lejos de la lucha, la contienda y los empellones del mundo.

Así es el hombre que tuvo la visión de la Verdad y que durante el batallar del mundo estableció su eterna meta. Aunque vague por entre las cosas transitorias y se pierda entre las sombras, su conducta estará guiada por aquella meta. Como el águila se remonta a su nido, así el hombre que tuvo la visión de la Verdad se sobrepone a toda tristeza y trasciende los fugaces placeres y pasajeros goces.

El establecimiento de esta eterna meta es muy importante para quien desee desprenderse de las complicaciones de la vida; pero no ha de ser la meta de otro ni la visión ajena, sino la meta nacida de su propia experiencia, de sus tristezas, sufrimientos y comprensión. Una vez establecida dicha meta iluminará todo confuso pensamiento y, en consecuencia, esclarecerá el propósito de la vida.

Como buque perdido, sin brújula, en el mar, así el hombre sin la percepción de una eterna y constante meta se pierde en este mundo de confusión. Así como el capitán de un buque establece el destino de su bajel y con auxilio de la brújula es capaz de guiar su rumbo entre tormentosas noches y sombrías aguas, así el hombre que conoce su meta puede guiar su vida con la brújula de la comprensión.

El individuo se halla en caótico estado de incertidumbre porque desconoce su propósito. El problema del mundo no está resuelto porque el individuo no ha resuelto su propio problema. El problema individual es el problema del mundo. Si un individuo

es infeliz y está descontento y disgustado, el mundo que le rodea estará sumido en tristeza, descontento e ignorancia. Si el individuo no encuentra su meta, el mundo no hallará la suya. No es posible separar al individuo del mundo. El mundo y el individuo son uno. Si el problema individual puede resolverse por comprensión, también por comprensión podrá resolverse el problema del mundo. Antes de que podáis dar comprensión a los demás, debéis tenerla vosotros. Cuando establezcáis la Verdad en vuestro corazón y vuestra mente, allí morará por toda eternidad.

Un día en Benarés iba yo en un bote río abajo del sagrado Ganges, observando a las gentes que en las orillas adoraban a Dios en demanda de felicidad, de su meta y del camino para alcanzarla. Vi a un hombre en profunda meditación, olvidado de cuanto le rodeaba y sin otro pensamiento en la mente que saber cuál era su meta y llegar a ella; otro practicaba yoga; otro repetía cánticos, abstraído del mundo y de sí mismo. Buscaban lo que todos buscan en momentos de profunda cavilación y de intenso deseo. Como la corriente del río arrastraba al bote, así a cada cual le arrastran sus deseos, sus pasiones y anhelos, porque ninguno ha hallado ni establecido su propósito. Hay confusión, caos, interrogantes y dudas en la mente porque no se ha establecido la meta, porque no se ha hallado el sendero que a ella conduce. Mientras haya

EL PROPÓSITO DE LA VIDA

dudas en la mente no habrá paz ni certidumbre ni exaltación de propósito.

Esta condición existe en todo el mundo, por doquiera haya un corazón palpitante y una mente capaz de pensar. Por doquiera busca inconscientemente el hombre el medio de librarse de su estrechez y mezquindad. El objeto de esta investigación es la libertad y la eterna dicha. Sigue muchos caminos, todos la conducen a mayor complicación. De vida en vida, vaga de santuario en santuario, de un credo a otro, acumulando experiencias, aceptando, rechazando y volviendo a aceptar, y así camina hacia la meta que le aguarda, como aguarda a todos los hombres. En el proceso de aceptación y rechazo, no sabe qué camino tomar para su consuelo, y cuando busca consuelo por algún medio o conducto particular se enmaraña y enreda. A causa de que hay muchos intérpretes de la verdad y muchos opuestos caminos, creencias y religiones se pierde el hombre en sus complejidades. Como la mariposa que choca contra el vidrio de la ventana y pugna por escapar al aire libre, así luchan los hombres cuando no tienen ni vislumbre de su meta, que es difícil de establecer, pero como está en tinieblas le parece lejanísima.

Así como el alfarero moldea la arcilla a su arbitrio, puede el hombre moldear su vida según el deseo de su corazón.

EL PROPÓSITO DE LA VIDA

Así como las vasijas de arcilla pueden moldearse en formas hermosas o feas, así la vida puede ser hermosa o repugnante según el propósito que hayáis establecido.

Quiero ayudaros a establecer la meta que buscáis y deseáis alcanzar, la meta que aguarda a todas las gentes del mundo cualesquiera sean sus experiencias, pensamientos y emociones. Entonces seréis capaces de guiaros por entre las tinieblas del mundo, como el caminante se guía en noche obscura por la situación de las estrellas.

Una vez hayáis establecido vuestra meta, que es la liberación y por tanto la felicidad, la vida, ya no habrá más confusión y desaparecerán el tiempo y las complicaciones del tiempo. Por no haber establecido vuestra meta, el presente os parece como una montaña después de puesto el sol: falta la luz, y la oscuridad de la montaña cubre el valle. El tiempo no es más que un sustentador de la vida, y en el momento en que os libréis de él, trascenderéis el tiempo.

Entonces podréis guiaros sin depender de autoridad alguna. Ya nada temeréis. No habrá para vosotros conflicto entre el bien y el mal. Una vez sea libre vuestra vida hallaréis la felicidad, la única meta, la única y absoluta Verdad.

2. Felicidad y deseo

Por haber olvidado el hombre que el verdadero propósito de su existencia es fomentar la felicidad en sí mismo y en cuantos le rodean, hay confusión y caos y sus acciones acrecientan este caos.

¿Qué ambicionan y ansían todos en el mundo? La felicidad. Pero la verdadera felicidad no es egoísta ni negativa. Es inteligencia, el acopio de todas las experiencias; es la eterna Verdad. Ni nube puede ocultarla ni aflicción disminuirla. Tal es la felicidad que todos desean. Tal es la felicidad que siempre he deseado.

He visto gentes abrumadas de trabajo, que realizaban grandes obras, acopiaban conocimientos, se esforzaban en ser espirituales y, sin embargo, habían olvidado la felicidad, lo único que vivifica la mente y alimenta el corazón. Sólo hay salud en la felicidad y quien no la encuentre no hallará nunca la Verdad ni cumplirá con los fines de la vida ni tendrá tranquilidad en este mundo de afanes y fatigas.

Si queréis establecer la felicidad en vuestro interior, habéis de hacer de ella vuestra meta y entonces vuestra vida será como llama que a los cielos se remonta.

Las gentes anhelosas de felicidad recurren a diversas cosas: adorarán en templos e iglesias, entresacarán de los libros el conocimiento ajeno y practicarán ritos religiosos con la esperanza de gozar de paz y calma. El deseo de felicidad roe su corazón.

En el continente americano los hombres buscan la felicidad en las cosas materiales, pues dicen que sin comodidades físicas, sin un cuerpo sano y robusto no es posible desenvolver rectamente las emociones.

Pero en el intento de establecer perfectas condiciones físicas pierden de vista otras cosas esenciales. En la India las gentes corren hacia el extremo opuesto y, al buscar la felicidad, desdeñan completamente el aspecto físico.

FELICIDAD Y DESEO

Por doquiera buscan lo hombres la felicidad. Comienzan por buscarla en los placeres dimanantes de la excitación física, y al convencerse de que esta excitación no satisface sus ansias de duradera felicidad, se entregan a otras experiencias mentales y emocionales.

La vida es un proceso de acumulación y eliminación de reunir y desechar. Lo que ahora reunís, luego desecháis y cuanto más desechéis más cerca estaréis de la liberación. Al repudiar lo ganado, adquirís el conocimiento que os dará fuerzas para establecer vuestro propósito que os confiara el poder esencial de alcanzar el Reino de la Felicidad que anheláis.

Como en el árbol hay savia que le da el follaje para el esplendor de su existencia, así en el interior del hombre existe la chispa divina que a través de la tristeza, de la exaltación, de la lucha, del proceso de la vida, le conduce a la perfección, al estado de eterna felicidad que es la meta de todo ser humano, la genuina espiritualidad, el mayor don que cualquiera puede otorgar a otro.

Hallaréis esta imperecedera e inalterable felicidad cuando os hayáis libertado de la tiranía del yo personal, de sus deseos y ansiedades. Esta liberación no os la impone mano extraña, sino que es el anhelo de toda alma humana, de todo aquel que lucha, pena y busca. La chispa de este anhelo se convierte en llama y llega a ser parte de la Eterna Llama, y cuando seáis capaces de identificaros con esta Llama, estaréis en el Reino de la Felicidad.

Cada cual ha de descubrir su propio camino de logro. No hay otra verdad ni otro dios que aquella meta que cada uno haya establecido para sí mismo, que no puede destruir el aliento del hombre ni el pasajero capricho de ningún dios.

¿Por qué camino podréis llegar a esta meta y mantener eternamente esta felicidad en vuestro corazón? Si sois reflexivos advertiréis que en todo ser humano hay tres notorios principios: el pensamiento, la emoción y el cuerpo. Y si os observáis a vosotros mismos, hallaréis que cada uno de dichos principios tiene separada existencia y procura actuar independientemente de los otros dos, ocasionando así discordancia. La absoluta felicidad dimana de la Armonía entre el cuerpo, las emociones y los pensamientos. Si guiáis tres caballos y cada uno quiere tirar por su lado independientemente de los otros dos, no llegaréis a vuestro destino si no los domináis de modo que vayan los tres juntos por donde los guiéis.

La mente debe tener su peculiar meta, pero la habéis de establecer vosotros mismos pues, de lo contrario, caerá en la superstición. ¿Cuál es la meta final de la mente? Es la purificación del yo, o sea el desenvolvimiento de la unidad individual.

Como impele a la semilla la vida en su interior latente a brotar del suelo y salir a luz, así el deseo de liberación os impele a brotar a través de las limitaciones que os encadenan. Vivo anhelo se necesita para lograr la liberación. Las gentes están temerosas del deseo creyendo que es algo maligno que merece destrucción. Pero esta actitud es errónea. El deseo es el motivo de la acción. Si queréis encender un vivo fuego para calentaros y reponeros, habéis de proporcionarle combustible, alimentado con voluminosos leños de la propia suerte; si queréis cumplir el propósito de la vida, habéis de sentir intensos deseos, porque el deseo allega experiencias y la experiencia conduce al conocimiento. Si el hombre sabe utilizar el deseo, éste le dará la felicidad que anhela. Si sofoca o mata el deseo no tendrá posibilidad de liberación.

Muchas gentes tienen intensos, ardientes y vivísimos deseos, pero en vez de disciplinarlos y aprovecharlos, o los sofocan, o se dejan dominar por ellos. Sin deseo no puede haber obra creadora. Quien mata el deseo se convierte en leño, en autómata, en máquina, y las máquinas se han inventado para disminuir el esfuerzo humano.

Los problemas físicos tal vez se puedan resolver de este modo; pero los mentales y emocionales son de más difícil solución, y por escasa comprensión del modo de resolverlos se inventaron las religiones, credos y dogmas.

Si el deseo vivifica, se le ha de estimular. Si acarrea tristeza, ha de ser vencido por la comprensión de esta tristeza. El hombre mata sus deseos porque no anhela ser libre, y por no anhelar la liberación se convierte en una máquina. Se han de aprovechar los deseos como escabel para encender otros más vivos, para despertar mayores y más deleitosos anhelos, los espirituales.

Pero la inteligencia es necesaria para desenvolver vuestra singular individualidad, para purificar vuestros deseos, para reconocer en vuestro Yo el Yo de todos los seres y realizar la absoluta unión con todas las cosas que anula el sentimiento de separatividad. Es necesaria la sencillez de mente, pero la sencillez no significa tosquedad. No debemos desdeñar, sino utilizar los resultados del progreso y de la evolución.

Una mente sencilla comprenderá en qué consiste la perfección porque es parte de la misma perfección. Una mente retorcida no puede comprender la Verdad. Una mente complicada y repleta de conocimientos entresacados de los libros, aunque estos conocimientos valgan algo, está propensa a cristalizarse.

En todas las grandes obras de arquitectura, pintura y escultura hay sencillez y sobriedad. La sencillez mental es, por lo valiosísima, muy difícil de adquirir, y para ello se necesita mucha experiencia.

La genuina sencillez es la suprema forma de espiritualidad.

¿Cuál es la meta final de las emociones? Desprenderse de todo afecto. Ser capaz de amar y, sin embargo, no apegarse a cosa ni persona alguna, es la absoluta perfección del amor y todas las nociones.

Como estéril árbol en invierno, sin hojas ni flores que perfumen el aire matinal, es el hombre sin amor.

Quienes quieran conocer la Verdad han de cultivar, como el jardinero su jardín, la deleitosa flor del amor, fuente de consuelo en el abatimiento y la aflicción. Por celoso, tiránico y egoísta que sea el amor en un principio, es un capullo que se abrirá esplendorosamente para difundir por doquiera el aroma de su perfección. Sin amor es el hombre un desierto de reseca arena, como río en estiva, sin agua para alimentar sus márgenes. Quienes anhelen lograr la perfecta felicidad, la belleza oculta a la mirada humana, deben cultivar el amor. Debéis amarlo todo y, sin embargo, no aficionaros a nada, porque el amor es necesario para el desenvolvimiento de la vida. Para cultivar el amor debéis aprender a observar, a adquirir experiencia, ya por ajeno ejemplo, ya recorriendo por vuestros pasos los angustiosos senderos de la experiencia, porque por experiencia conoceréis la simpatía y seréis capaces de mostrar amor a quien lo necesite, pues si nunca habéis experimentado aflicción no podréis sentir simpatía ni comprenderéis la aflicción del prójimo.

Esto no significa que hayáis de probarlo todo. Hay muchos medios de adquirir experiencia. Uno de ellos es el de compenetrarse con la vida de los demás, mirar por los ojos de aquellos a quienes tratéis, y experimentar imaginativamente sus penas y sus transitorios placeres. Cuando veáis un beodo por la calle, su vista bastará a daros la experiencia de la embriaguez. Si veis a alguien deshecho en lágrimas, os dará la experiencia de la aflicción; y si por el contrario veis a una persona jubilosa y alegre, os dará la experiencia del gozo. No todos necesitamos seguir un mismo camino de conocimiento. Nos los intercambiamos mutuamente. De las experiencias de todo el mundo podemos adquirir el conocimiento que baste para nuestra cultura, afinación y adelanto. Si queréis cumplir el propósito de la vida debéis acumular experiencia, sin la cual no os será posible llegar a la meta, gozaréis felicidad y estableceréis perdurablemente la Verdad en vuestro interior.

Para lograrla debéis, desde luego, adquirir experiencia como el labriego acopia el trigo cosechado en el campo.

Si carecéis de afecto y simpatía, nunca será vuestra la victoria ni alcanzaréis vuestra meta. El indiferente contento y satisfecho nunca sentirá afecto ni simpatía ni podrá infundir comprensión en el prójimo. He observado a muchos que tenían vivos deseos de auxiliar a los demás y no sabían cómo. Eran incapaces de colocarse en el lugar de otro y descubrir su punto de vista.

Quienes anhelen comprender la vida que los rodea y ver la meta y establecer al Amado en su corazón, deben sentir vivísimo Amor y, sin embargo, desligarse de los lazos del amor. Deben sentir profunda simpatía y, aun así, no ligarse con los lazos de esta simpatía. Deben tener intensos deseos y no esclavizarse a estos deseos.

¿Cuál es la meta final para el cuerpo? Belleza. Todos buscan en el mundo la belleza, pero la buscan sin comprensión. La belleza es esencial para el cuerpo; pero no ha de ser una mera envoltura bella sin la belleza de pensamiento y emoción. Esencial es restringir el cuerpo por medio del gobierno sin opresión.

Tales son las condiciones esenciales de la absoluta armonía de los tres notorios principios en cada uno de nosotros.

FELICIDAD Y DESEO

El deseo de libertad, el deseo de prescindir o más bien de transcender todas las cosas es necesario para lograr la perfección. Sólo podréis ser libres si vuestra mente y corazón han determinado el propósito de la vida y de continuo se esfuerzan en realizarlo, sin ceder jamás a lo que amenace interponer obstáculos entre vosotros y vuestra meta.

Para alcanzar la perfección y encaminaros hacia la Verdad que a todos ha de hacer dichosos, es necesario que en cualquiera de las etapas de evolución en que os halléis prescindáis de las mezquinas y esclavizadoras tradiciones nacidas de la creencia ciega sin enlace alguno con la conducta.

Así como cuando sobreviene la lluvia, tan sólo los labriegos que cultivaron sus campos y arrancaron las plantas advenedizas obtienen el completo producto de su trabajo, así quien desee tener siempre consigo al Amado ha de extirpar de su mente y corazón las complicadas ideas, tradiciones y estrechez de miras, que son la maleza sofocadora de la genuina comprensión, sin la cual no es posible cumplir el propósito de la vida.

3. Comprensión

Para el bienestar de la mente y del corazón, la comprensión es tan necesaria como un buen fuego en frígida noche.

Las gentes se figuran que pueden hallar la Verdad por algún procedimiento milagroso, por las meras formalidades del culto externo, y que pueden descubrir la finalidad de su vida por la continua repetición de himnos y oraciones o por la práctica del yoga, las ofrendas y otros ritos. Pero el hombre sólo puede descubrir lo que desea, lo que anhela su corazón y ansía su mente por su propio esfuerzo, por la purificación de su mente y corazón.

Si queréis comprender la Verdad debéis eliminar de vuestro corazón las piedras y malezas que sofocan su pleno crecimiento. La Verdad no puede entrar en una mente estrecha y un corazón limitado. Si queréis ascender a las cumbres de las eternas nieves, debéis abandonar las acumuladas riquezas, debéis fortaleceros con dura disciplina y que vuestro corazón rebose del deseo de vencer.

Quienes no han determinado su propósito están sujetos a la aflicción, la tristeza, el disgusto y el dolor, con incesante lucha y violenta desazón; mas para quienes se han propuesto alcanzar la Verdad, en el desenvolvimiento de su vida no habrá aflicción ni lucha, aunque moren en el valle de las sombras.

Por no haber fijado vuestro propósito os seducen las sombras del valle y os envuelven en sus blandas neblinas de modo que perdéis el júbilo de la vida; pero si os proponéis alcanzar el Reino de la Felicidad, que es el ideal de todas las gentes, trascendiendo toda experiencia, entonces seréis dueños de vuestro destino, determinaréis el porvenir y lograréis vuestro deseo. Si pasáis por el valle de las sombras con la mirada perpetuamente fija en la cumbre de la montaña, podréis adquirir toda experiencia sin levantar barreras entre vosotros y vuestra meta.

Tal es la comprensión de la vida que invertirá el caos en orden, y a este propósito ha venido el Amado. Así como el verdadero artista con su imaginación crea belleza del caos que le rodea, de la confusión del mundo, así el Amado, la Verdad, crea el orden en la mente y corazón de los que comprenden. Cuando comprendáis habréis resuelto el programa de vuestra vida diaria. Si no lucháis internamente para escapar de la jaula de aflicción y dolor de las limitaciones que os confunden no recibiréis respuesta por mucho que llaméis a la puerta de vuestro corazón; pero en cuanto os halléis descontentos, en cuanto deseéis escapar y libertaros, entonces buscaréis la fuente de la Verdad.

Quienes anhelan emprender la vida deben fijar su percepción interna en la eterna Verdad, que es el desenvolvimiento de la vida.

Para los que viven y tienen su existencia en el valle, las montañas son misteriosas, rígidas, crueles, eternamente lejanas. Las montañas nunca cambian; son siempre constantes e inflexibles. Así es la Verdad. A quienes viven en el valle de las sombras, de las cosas transitorias, la Verdad les parece terrible, rígida y cruel.

Doquiera buscan las gentes algo oculto, algo que les dé sabiduría, mayor conocimiento, más amplia

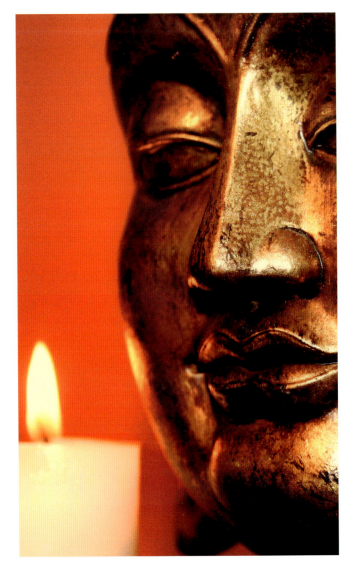

visión, mayor comprensión, y a este algo le llaman las gentes Verdad. Se figuran que la Verdad yace oculta en algún distante lugar, lejos de la vida, lejos de las alegrías y las penas. Pero la Verdad es vida y de la comprensión de la vida nace la comprensión de la Verdad. Quien cumple comprensivamente la vida es dueño de la Verdad.

Aunque en nuestros días se nota una revuelta contra la tradición y el orden establecido de las cosas, contra el mezquino concepto de la moral, la mayoría de la gente aún juzga y trata de comprender la vida desde el prejuicio punto de vista de una mente limitada y unilateral. El hinduista sólo reconocerá la Verdad cuando se le presente por medio del hinduismo, y lo mismo ocurre en el cristiano y el budista. Pero la Verdad no está nunca encerrada en una particular forma o medio. Sólo puede comprender la Verdad una mente omnilateral, capaz de sobreponerse a toda preocupación y de juzgar con recto criterio. Comoquiera que todo ser humano es divino, cada cual ha de ser su propio dueño, su absoluto director y guía. Pero si quiere guiarse inteligentemente, debe ser capaz de juzgar todas las cosas con amplio criterio y no rechazar por prejuicios lo que no comprenda.

La Verdad es la fuerza que en vuestro interior os impele al vencimiento. Es la consumación de toda inteligencia. Es el Absoluto. No hay otro dios que el hombre que por haberse purificado alcanzó la Verdad.

Matáis la vida al atarla a creencia y tradiciones, a códigos de moralidad. Para manteneros vivos, vitalizados, siempre cambiantes, siempre crecientes, como árbol que sin cesar echa nuevas hojas, debéis dar a la vida las oportunidades, la nutrición que la fortalezca y haga prosperar. La experiencia es el único medio de que la vida realice su deseo de liberación.

No es posible comprender la Verdad de la vida sin el torcedor, la agonía, el sufrimiento, el continuo trastorno del aliento y desaliento de la vida.

En los antiguos tiempos, especialmente en la India, los deseosos de hallar la Verdad imaginaban que podrían descubrir el camino apartándose del dolorido mundo, de las cosas perecederas, de las ilusorias sombras de la realidad y torturando el cuerpo físico. Pero ahora habéis de afrontar la vida tal cual es, porque sólo podréis vencerla cuando completa, y no parcialmente, la comprendáis.

Hubo un hombre que cerró herméticamente todas las ventanas de su casa menos una, creyendo que era la única por donde podía entrar la luz del sol, pero nunca entró la luz por ella.

Tal hacen quienes se esclavizan a la tradición, a estrechas creencias sectarias en las que se figu-

34

COMPRENSIÓN

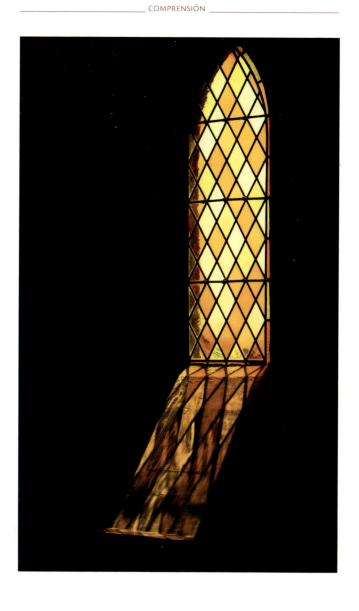

35

ran que está contenida la Verdad. No podéis atar la vida, que es la Verdad, con cosa alguna, porque la vida ha de ser libre y sin trabas. Si no comprendéis que el propósito de la vida es la liberación, no haréis más que dorar los hierros de vuestra jaula con inventadas teorías, credos, filosofía y religiones.

El temor es el fundamento de todas estas innumerables creencias. Andáis temerosos de no poder salvaros, teméis poner a prueba vuestro conocimiento y, de aquí, que os apoyéis en ajena autoridad.

¿Necesitamos religión para ser dichosos? ¿Para amar necesitamos erigir templos? Para reconocer nuestra verdadera individualidad, ¿necesitamos adorar a un dios personal?

Al doliente mundo no le debéis dar creencias, credos ni dogmas, sino nueva comprensión dimanante de cooperar con la Naturaleza, observando todos los sucesos de la vida diaria.

Quienes deseen comprender la Verdad y darle su mente y su corazón deben haber acopiado mucha experiencia que les guíe y cuya acumulación les avive el entendimiento. La tela de la vida tiene por urdimbre las cosas comunes de que deriva la experiencia.

Habéis de aprender de cada suceso, de cada actividad de la vida diaria y asimilaros la experiencia de cada instante del día. Vais a los templos, a las iglesias, o a cualquier otro lugar de adoración cultural y allí creéis que estáis purificados; pero ¿acaso esta purificación resiste las pruebas de la vida diaria? Vuestras teorías, vuestro superficial conocimiento de la vida no os valdrán en momentos de crisis. Cuando llegue la muerte y os arrebate a un ser querido, vuestras creencias y teorías no os ayudarán a vencer vuestra soledad y el sentimiento de separación. Únicamente venceréis si ya está destruida la ponzoña de separación con la que se ha de acabar al observar a los demás en aflicción, en dolor y placer, como si vosotros mismos los sintierais, para convenceros de que hay unidad tanto en el sufrimiento como en el placer.

Nadie sino vosotros puede fomentar el poder que reside en vuestro interior, que intensifica la experiencia; pero si la experiencia no está dirigida por vuestro ideal, produce el caos prevaleciente hoy día en el mundo. Sin la comprensión del propósito de la vida, todo quedará sumido en el caos.

El primer requisito que han de cumplir los que buscan la comprensión de la verdadera felicidad es que han de tener el ardiente anhelo de liberarse de todas las cosas y lograr la libertad dimanante de haber trascendido la necesidad de ulterior experiencia, porque ya habrán pasado por todas. Si queréis comprender lo que entiendo por libertad de vida, debéis establecer el propósito de liberaros aun de la misma vida.

Para comprender la vida habéis de experimentar el sentimiento de rebelión, de disgusto y sumo descontento. Muchos se figuran que han hallado la Verdad al adoptar una u otra teoría y así han resuelto el problema de la vida; pero el contento sin comprensión es como un estanque recubierto de musgo que no refleja el sol. Muy fácil es estar ignorantemente descontento; pero don del cielo es el divino descontento y la inteligente rebelión, que es como caudaloso río en plenitud de poder.

La rebelión es esencial a fin de escapar de las estrecheces de la tradición y de las subyugadoras influencias de los credos y teorías.

Si queréis comprender la Verdad, debéis rebelaros de modo que os emancipéis de los libros, de las teorías, de los dioses, de las supersticiones, de todo cuanto no sea propiamente vuestro.

Si queréis comprender el significado de mis palabras desechad todos vuestros conceptos de la vida y volved a comenzar de nuevo desde el principio. Entonces veréis cómo actúa la vida, y cómo la vida, que es experiencia acumulada, habla con aquella voz que llamamos intuición y que os guía y ayuda en el sendero del adelanto.

Yo os exhortaría a libertaros de los dioses a que adoráis, de los seres con quienes os habéis encariñado, porque la liberación es necesaria para el progreso del alma, y sin liberación le amenaza el decaimiento.

Por no querer liberaros, buscáis el bienestar, y el bienestar es como la sombra de un árbol que varía a cada punto según el aparente movimiento del sol, y quienes buscan el bienestar han de trasladarse de una a otra morada. El bienestar es incompatible con la comprensión.

Quien busca bienestar en las satisfacciones del momento nunca hallará positivo y duradero gozo, porque el momentáneo bienestar es transitorio como la flor, lozana por la mañana y marchita por la tarde.

Cuando el viento no orea el estanque, las aguas se estancan y ningún animal viene a apagar su sed en ellas. Pero cuando la brisa acaricia las aguas, hombres y animales acuden igualmente a beber de la propia suerte. Si no os orea el refrigerante aire del deseo de liberaros de todas las cosas, no hallaréis la Verdad que puede apagar la sed mundana.

Cuando seáis libres como el ave en los aires, será sencilla vuestra vida. Solamente es complicada la vida cuando hay limitación, pues entonces necesitáis tradiciones y creencias que os sostengan. Pero cuando deseáis liberaros de todas las cosas, entonces rompéis con las rutinas y entráis en la nueva vida que conduce a la liberación y felicidad del hombre perfecto.

Cuando lleguéis a ser una llama de rebelión, hallaréis los medios de alcanzar el Reino de la Felicidad.

Hemos de hacer un milagro de orden en este siglo de caos y superstición; pero primero hemos de establecer el orden en nosotros mismos, un orden permanente que no esté basado en el temor ni en la autoridad.

Yo he hallado y establecido lo eterno en mí, y mi obra es crear el orden en vuestra mente, de modo que no dependáis por más tiempo de externa autoridad ni seáis esclavos de la superstición, de las frivolidades que sujetan la vida y os desvían de vuestro propósito.

El caos está en vosotros porque no habéis establecido la verdadera finalidad de vuestra vida, y sois desdichados sin comprensión, lucháis sin propósito, os esforzáis en ignorancia. Pero cuando hayáis establecido en vuestro corazón y en vuestra mente el propósito del Amado, comprenderéis la vida. Podrá haber todavía lucha, pero será con comprensión y se acrecentarán vuestro amor y vuestra dicha. Por tanto, estableced lo eterno en vuestro interior y se desvanecerán las presentes sombras.

Cuando hayáis establecido al Amado en vuestro corazón, quedarán unidos el principio y el fin y ya no existirá el tiempo porque tendréis la eternidad en vuestro interior.

Cuando establezcáis al Amado en vuestro corazón, estaréis dispuestos a afrontar los mares altos donde se desatan las tormentas y los vendavales azotan la vida. Si aposentáis al Amado en vuestro corazón, habéis de ser como faro en tenebrosa costa para guiar a quienes todavía están envueltos en sus propias tinieblas.

¿De qué valen vuestra comprensión, vuestros altos y nobles pensamientos, vuestra pura conducta si no ayudáis a quienes están en constante dolor, en sombra y confusión?

¿De qué vale la Verdad que hallasteis si no sois capaces de compartirla con quienes tienen hambre y sed de lo eterno?

Puesto que habéis comprendido, sed animosos con esta comprensión y dad algo de vuestra vida a los que están en tinieblas.

4. Indagación

Si queréis ver la vida como una clara descripción debéis, por discernimiento y selección de vuestras múltiples experiencias, acopiar el conocimiento que os ayude a realizar vuestro propósito. La conducta no puede separarse del pensamiento, de las emociones y de la acción; y cuando comprendáis la vida en conjunto, y aprovechéis la vida como escabel, realizaréis vuestro propósito. Mi intento es que comprendáis vuestros deseos, que fortalezcáis vuestro adelanto hacia la perfección. Pero si tan sólo me obedecéis o me utilizáis como una autoridad, como un peldaño en vuestro camino a la perfección, fracasaréis, porque no os incitará vuestro anhelo. En cambio, si fortalecéis vuestra comprensión por vosotros mismos, por vuestro deseo, y aprovecháis vuestra experiencia para dicho fin, nadie podrá destruir ni robaros lo que hayáis ganado. Así como de una hoguera salta una chispa capaz de convertirse en llama que se levante al cielo, así en cada ser humano brota la chispa del deseo, y yo quisiera intensificar en vosotros este deseo, de modo que seáis capaces de encender el fuego necesario para el cumplimiento de la vida.

Seguir a otro, quienquiera que sea, es para mí la negación de lo que yo sostengo que es verdad. La adoración es contraria a todas mis ideas, y especialmente la adoración a los individuos; y si me mirarais como una autoridad cuando mi forma perezca, volveréis a quedar atados a la misma rueda de limitación.

No necesito secuaces ni discípulos ni alabanza ni adoración de ninguna clase. No necesito de nadie.

Pasaron los tiempos en que uno dejaba el mundo y se retiraba a un apartado paraje a un monasterio. Ha llegado el tiempo de la abierta vida y de la clara comprensión, y yo quisiera hablar de la compren-

sión que hallé. Quisiera mostraros cómo encontré a mi Amado, y cómo está el Amado establecido en mí, cómo el Amado es el Amado sobre todo y cómo el Amado y yo somos uno, de modo que nada pueda provocar la separación ni ahora ni nunca.

Largo tiempo estuve en rebeldía contra todas las cosas, contra la autoridad ajena, contra la instrucción y el conocimiento de otros. Yo no quise aceptar nada como Verdad hasta que hallé la Verdad por mí mismo. Nunca me opuse a las ideas de otro, pero no quise aceptar su autoridad ni su teoría de la vida.

Hasta que me declaré en rebeldía y sentí disgusto por todas las cosas, por todo credo, dogma y creencia, no fui capaz de hallar la Verdad. Hasta que deseché todas estas cosas por el constante esfuerzo de comprender lo que tras ellas había, no fui capaz de alcanzar la Verdad que buscaba. Desde luego, que yo no pensé en todas estas cosas en mi juventud, sino que surgieron en mí espontáneamente. Pero ahora puedo ordenar todos los sucesos de mi vida y ver cómo me desenvolví para lograr mi propósito y me identificaba con él.

Durante largo tiempo indagué sobre cuál había de ser mi finalidad y mientras indagaba vi a las gentes presas de sus deseos como la mosca queda presa en la red de la araña. Desde que tuve uso de razón vi a las gentes absortas en sus pensamientos y conturbadas por la futilidad de la vida. Doquiera que iba, veía gentes convencidas de que su felicidad estribaba en las riquezas materiales, y otras que disfrutaban de todas las comodidades de este mundo y, sin embargo, andaban perturbadas y confusas, porque eran esclavas de sus comodidades.

Vi gentes que amaban intensamente y, no obstante, estaban ligadas por su amor, porque no habían encontrado el medio de amar y, a pesar de todo, ser libres. Vi gentes de mucho conocimiento, pero ligadas por este mismo conocimiento. Vi gentes que se comparaban en la religión y por eso permanecían atadas a sus tradiciones y temerosas de lo desconocido. Vi al sabio apartado del mundo en su propia reclusión y al ignorante esclavizado a su trabajo.

Al observar así a las gentes supe que levantaban vallas de prejuicio, de creencia, de credulidad, de vivo temor de lo adverso, que luchaban, intentando escapar de las vallas que ellos mismos habían levantado. Al observar a las gentes vi cuán inútiles son sus esfuerzos si no se libran de los dioses que adoran y de los intérpretes que los guían. Cada guía y cada intérprete de la Verdad la expone según su limitada visión, y quien dependa del intérprete para comprender sólo conocerá la Verdad según las limitaciones de éste. Pero si establecéis vuestro propósito, si intensificáis vuestro anhelo de Verdad,

47

y por la observación, el sufrimiento y la experiencia comprobáis la intensidad de vuestro anhelo, no necesitaréis intermediario, no habréis de interponer nada entre vosotros y vuestra aspiración, entre vosotros y la Verdad.

Quisiera poder infundiros la certeza de la Verdad, por que la Verdad supera a los libros de todas las religiones y a toda creencia por querida que os sea. Pero aunque no comprendéis, la Verdad os parece algo temible, un enemigo a quien vencer, y este temor os mueve a buscar un intermediario. Pero si tuvierais pureza de mente y corazón, no necesitaríais instructores ni intermediarios que, inevitablemente, han de condicionar y limitar la Verdad.

Desde mi juventud he observado estas cosas y nunca quise dejarme prender en tales confusiones.

Por haber establecido mi propósito y haberme considerado siempre como un bote en la corriente sin enlace con la tierra donde domina la confusión, he vencido, y ahora quisiera compartir mi experiencia con los demás, ayudar a los confusos a hacer su mente y corazón sencillos en su deseo de liberación.

Desde mi niñez he sido rebelde como son o deben ser todos los jóvenes. Nada me satisfacía. Escuchaba, observaba y anhelaba algo más que huecas frases, algo más que la malla de las palabras. Necesitaba descubrir y establecer por mí mismo mi aspiración. No quería apoyarme en nadie. No recuerdo el tiempo en que fui modelado en mi niñez; pero miro hacia atrás y veo que nada me satisfizo.

Cuando por vez primera estuve en Europa, conviví con personas ricas y bien educadas que estaban en posición de ejercer una autoridad social; pero por mucha que fuese su dignidad y distinción no podían satisfacerme.

También me rebelé contra los teósofos con toda su jerigonza, sus teorías, sus reuniones y sus explicaciones de la vida. Cuando asistía a una reunión, los conferenciantes repetían las mismas ideas que no me daban satisfacción ni felicidad. Cada vez asistía a menos reuniones y vi cada vez menos conferenciantes que no hacían más que repetir ideas teosóficas. Lo preguntaba todo porque quería indagar y encontrar la Verdad por mí mismo.

Anduve por las calles observando los rostros de las gentes que acaso me observaban a mí con mayor interés.

Frecuenté el teatro y vi cómo se divertían las gentes, tratando de olvidar sus penas y creyendo que resolvían sus problemas con sólo proporcionar a su ánimo superficial excitación.

Vi gentes con autoridad política, social o religiosa, que, sin embargo, carecían de lo más esencial en la vida: la felicidad.

Asistí a reuniones de los partidos laborista y comunista, y escuché lo que decían sus caudillos.

Generalmente protestaban contra algo. Despertaron mi interés, pero no me dieron satisfacción.

Al observar unos y otros tipos adquirí experiencia por ajeno ejemplo. Dentro de cada uno de ellos había un latente volcán de infelicidad y descontento. Yo pasaba de un placer a otro, de una a otra diversión en busca de la felicidad que no hallaba.

Observaba las diversiones de los jóvenes, sus bailes, trajes y prodigalidades, y veía que no eran felices, que no tenían la felicidad que yo buscaba. Observé a los menesterosos con deseo de destruir lo que otros habían construido. Se figuraban que iban a resolver el problema de la vida destruyendo y edificando algo nuevo y, sin embargo, eran desdichados.

Vi gentes deseosas de auxiliar en los barrios de las ciudades donde viven los indigentes y degradados. Anhelaban ayudar y no tenían quien los ayudase. ¿Cómo puede curar a otro una enfermedad el mismo que la padece y no se la cura?

Vi gentes satisfechas en su improductiva y tediosa ociosidad, el tipo burgués que jamás se esfuerza en sobreponerse a su nivel o se hunde bajo su peso.

Leí libros de filosofía y religión, biografías de hombres célebres; mas no pudieron darme lo que nece-

sitaba: la certeza y seguridad de mi actitud respecto de la vida de modo que nada me pudiera conturbar.

Volví a la India y vi que las gentes se estaban, asimismo, engañando, apegadas a las mismas antiguas tradiciones y tratando cruelmente a la mujer, al mismo tiempo que alardeaban de ser muy religiosas y se embadurnaban el rostro con ceniza. Podían tener en la India los más sagrados libros del mundo, las más profundas filosofías, podían haber construido en pasados siglos admirables templos; pero nada de esto fue capaz de darme lo que anhelaba. Ni en Europa ni en la India pude hallar la felicidad.

Todavía peregriné siempre en busca de la felicidad cuya existencia presentía. No era sólo un convencimiento intelectual o emocional. Era como la oculta e indescriptible perfección, de cuya existencia estamos seguros. No podemos preguntarle al capullo cómo se abre ni cómo exhala su perfume ni en qué instante de la mañana se despliega al sol. Pero si observáis cuidadosamente, si vigiláis con atención, descubriréis la oculta belleza de la perfección.

Sin haber establecido todavía el propósito del que dimana el deleite de la vida, fui a California. Me obligaban las circunstancias porque mi hermano estaba enfermo. Allí viví en una casita entre las colinas, completamente retirado y sin servidumbre.

Si queréis descubrir la Verdad debéis apartaros durante algún tiempo del mundo. En aquel retirado paraje conversábamos mucho mi hermano y yo. Meditábamos intentando comprender, porque la meditación profunda equivale a la comprensión.

Naturalmente, me retraje allí en mi interior y aprendí que mientras no tuviera un propósito definido de vida me vería cual el resto de la humanidad: zarandeado como buque en tormentoso mar. Con este pensamiento, después de desechar toda menudencia establecí mi propósito. Quería entrar en la eterna felicidad y beber en la fuente de la vida. Quería enlazar el principio con el fin. Mi propósito fue desde entonces mi Amado y el Amado es la Vida de todas las cosas. Quería anular la separación entre el hombre y su finalidad. Me dije que mientras hubiese este vacío de separación entre mi persona y mi propósito estaría sujeto a la duda, la miseria y la turbación, que habría autoridad a que debiese obedecer y acatar. Mientras haya separación entre vosotros y yo seremos todos desdichados. Así me propuse derribar cuantas barreras había hasta entonces levantado. Empecé por desechar, apartar y renunciar a cuanto había adquirido y, poco a poco, me acerqué a la realización de mi propósito.

Cuando murió mi hermano, el suceso me aportó mucha experiencia, no por la aflicción, que es momentánea y se desvanece, sino porque subsiste el gozo de la experiencia. Para quien comprende la vida, la muerte es una experiencia de la cual puede construir su casa de perfección y delicia.

Cuando mi hermano murió, todavía existía en mí aquel abismo de separación. Le vi una o dos veces después de muerto, pero no me satisfizo su visión. ¿Cómo podía satisfacerme el estar solo? Podéis inventar frases y tener mucho conocimiento de libros; pero mientras en vuestro interior haya separación y soledad habrá tristeza. Yo luchaba porque quería establecer la vida en mi interior, identificarme con mi propósito. La vida es un proceso de lucha, un continuo acopio del polvo de la experiencia.

Si andáis perdidos en noche oscura y veis una luz lejana, os encaminaréis hacia la luz con ensangrentados pies, a través de pantanos y precipicios y de obstáculos, porque conoceréis que la luz indica una vivienda humana. Así anduve y luché yo en demanda de la luz de mi propósito, de la mente final, de la meta de toda la Humanidad, porque es la misma Humanidad.

Los precipicios, los obstáculos y tropiezos son cosas pasajeras. Yo sufría, pero me propuse liberarme de todo cuanto me ligaba, hasta que por fin me uní con el Amado y entré en el mar de la liberación y la establecí en mi interior.

La simple unión con el Amado, el directo sendero de perfección, el eterno sendero, alegra la vida. Nunca encontrará la Verdad quien la busque en los reinos de malla, en el reino del intelecto o de la emoción, o en el mundo de las sensaciones físicas; pero quien la halle reconocerá que en ella se contiene todo. No podéis separar la vida de ninguna expresión de vida; pero debéis ser capaces de distinguir la vida de mi propósito, porque la vida me parecía una cosa y el conocimiento, otra. El resultado fue que todas las cosas se me presentaron confusas y recurrí en demanda de auxilio a las tradiciones, a las comodidades, al contento y satisfacción personal.

Cuando percibís la luz de vuestra aspiración, os guía como el faro al buque en costa tenebrosa. Una vez hayáis percibido la vislumbre de perfección, la inefable belleza oculta que trasciende toda teoría intelectual y toda excitación emotiva será vuestro guía eterno, iluminará vuestro sendero y cualquiera que sea vuestra experiencia realizaréis vuestro ideal. No habéis de lograr lo poco, sino el todo en cualquier etapa de evolución. Podréis percibir al Amado cuando hayáis aprendido a transmutar las penas y alegrías de la vida en términos de eterna Verdad. Si podéis interpretar toda experiencia a la luz de vuestra aspiración, la realizaréis.

Por estar unido eterna e inseparablemente con mi Amado, que es el Amado de toda la Humanidad, quiero mostraros el camino, porque estáis en dolor, en tristeza y duda. Pero yo solamente puedo ser para vosotros indicador del camino. Debéis tener la fuerza de vuestro propio deseo antes de realizar vuestra aspiración.

Debéis experimentar personalmente el dolor y la aflicción. Debéis luchar con vuestro propio esfuerzo.

Vuestro deseo ha de proceder de vuestra misma alma. Ha de resultar de vuestra personal experiencia, porque sólo así realizaréis vuestra aspiración.

Al hablaros de lo que yo logré no deseo instituirme en autoridad, porque si tal hiciera y vosotros lo acatareis impediría vuestra individual percepción de la Verdad. Quiero que respiréis el fresco aire de las montañas; pero si buscáis mi autoridad permaneceréis en el tenebroso valle de vuestra limitación. Es mucho más fácil para vosotros adorar y obedecer ciegamente que liberaros por medio de la comprensión.

Hasta que fui capaz de identificarme con mi Amado, que es el Amado de todos y el principio y el fin de todas las cosas, no quise decir que lo había hallado, y al hallarlo, me había identificado con Él.

Hasta que fui capaz de unirme con lo eterno, no podía comunicar la Verdad a otros. Hasta que tuve la certeza de haber llegado a la meta final, no quise decir que yo era el Instructor. Ahora que he hallado y he establecido al Amado en mi interior, ahora que soy el Amado os comunicaré algo de la verdad, pero no para que la recibáis autoritariamente, sino con comprensión. No importa si la aceptáis o la rechazáis.

Cuando la flor se abre y exhala su perfume no cuida si el transeúnte se deleita o no en su fragancia.

He pintado mi cuadro en la tela y quiero que lo examinéis críticamente y no a ciegas. Quiero que tomándolo por modelo tracéis un nuevo cuadro, por vosotros mismos. Quiero que os enamoréis del cuadro, no del pintor, que os enamoréis de la Verdad y no de quien os la comunica. Enamoraos de vosotros mismos y amaréis a todos los seres.

Para alcanzar la liberación no es necesario ingresar en ninguna sociedad ni pertenecer a ninguna religión porque éstas atan y limitan y os sujetan a determinada modalidad de culto y creencia. Si anheláis la liberación habéis de luchar como yo luché contra todo linaje de autoridad, porque la autoridad humana, la autoridad de un falible intermediario es la antítesis de la espiritualidad.

Si hoy usara de autoridad y la aceptarais, no os liberaría, pues no haríais más que imitar la liberación ajena, y os ataríais más fuertemente a la rueda de la limitación. No debéis permitir que nada ni nadie ate vuestra mente y vuestro corazón, pues si lo permitierais estableceríais otra religión y otro templo, es decir, que al desvanecer unas creencias estableceríais otras. Lucho contra toda tradición que liga, contra todo culto que oprime, contra todo proselitismo que corrompe el corazón. Si queréis lograr la liberación cuyo camino os señalo, habéis de empezar, como yo empecé, por descontentaros, por rebelaros, con interna disidencia, contra todo cuanto os rodea. Frecuentemente decís: «Obedeceremos a nuestros jefes». Pero, ¿quiénes son vuestros jefes? Yo no quiero ser jefe ni tener autoridad sino que seáis vuestro propio jefe.

La vida es sencilla y magnificente, amable y divina; pero queréis encerrar en un estrecho círculo toda la belleza y frescura de la aurora y de la tranquila noche para adorarla. Bajáis a orillas del mar al atardecer, cuando sopla la fresca brisa que orea las briznas de hierba y remueve la arena y mece las hojas de los árboles y las olas entrechocan, y queréis reunir y aprisionar toda esta belleza en un estrecho templo. Para vivir noblemente no necesitáis sustentar creencias; y sin embargo, decís: «He de adorar dioses y practicar ritos y visitar santuarios y seguir esto y lo otro». Es un perpetuo debo. Este modo de vivir no es vivir.

Hagáis lo que hagáis, no levantéis otro templo a mi alrededor, pues no estaría yo en él. Quiero ser vuestro compañero con la suavidad de la brisa. Quiero libertaros de vuestras limitaciones y estimularos a la individual creación, y a la individual perfección, a ser quienes debéis ser y no remedio de otro. Sólo es posible purificar y trascender el yo, cuando por sí mismo se encamina a la perfección, no cuando lo sujetan las limitaciones y lo atan las tradiciones, las fórmulas y los innecesarios atavíos que juzgáis indispensables para vuestro bienestar.

Recuerdo un cuento escrito por un autor noruego, cuyo protagonista, en busca de la felicidad, iba afiliándose a una religión tras otra, adorando a un dios tras otro y practicando ceremonia tras ceremonia, sin hallar lo que buscaba. Al fin se hizo budista, y al dejar el cuerpo entró en el Nirvana, donde vio que los dioses de todas las religiones estaban sentados en amigable conversación. Los dioses le ofrecieron un sitio vacante. El protagonista tenía forma de llama y no aceptó la oferta, y desapareció cuando los dioses trataron de apresarle, sin que pudieran seguirle porque aun los mismos dioses estaban ligados. Así no os liguéis a nadie, porque la felicidad está en vuestro interior.

Yo me propuse hallar por mí mismo el sentido de la vida y lo hallé sin autoridad ajena. Así entré en el mar de la liberación y la felicidad donde no hay limitación ni negación porque es el cumplimiento de la vida.

Quiero comunicar esta comprensión a todos porque después de mi largo camino hacia la perfección, la establecí en mi interior y mi mente está tranquila y eternamente liberada como la llama.

5. Manteneos en vuestra propia fortaleza

A todos importa la indagación de la Verdad que les ha de satisfacer eternamente; pero al indagarla, unos luchan contra otros y de aquí la confusión y el dolor. Carecen de la certidumbre del propósito que ha de determinar su conducta en la vida y así se apoyan en otros para su comodidad, bienestar y comprensión.

Se figuran que son débiles, que no pueden pasar sin ayuda ajena, y andan con muletas que los sostienen interinamente, en vez de acrecentar su fortaleza y seguir adelante en busca de las puras aguas de la Verdad.

Si queréis hallar la Verdad debéis desechar cuantos apoyos admitisteis y buscar en vuestro interior la sempiterna fuente, pues ningún canal externo os traerá el agua de la Verdad.

Al buscar la verdad que ha de sustentaros, manteneros y guiaros, mirasteis hacia fuera y la buscasteis objetivamente, por lo que os perdisteis en las sombras de la manifestación. Para hallar la fuente de Verdad habéis de mirar en vuestro interior y purificar la mente y el corazón.

Vosotros me decís que yo soy diferente, que ya vencí, y porque vencí ya no necesito auxilio alguno. Pero no hay tal, sino que precisamente porque anheláis realizar vuestra aspiración no necesitáis apoyos. Por haberme apoyado en muletas conozco que son inútiles. Cuando os restablecisteis al pasar por un angosto y peligroso sendero, seguramente que dijisteis a los que os seguían: «Id con cuidado, no caminéis por el borde, sino por el medio, y mantened el equilibrio para no caer en el precipicio».

Sé que los auxilios os debilitarían, y por lo mismo os digo que los desechéis. Por haber estado yo enredado en complejidades y retenido en esclavitud, os incito a la liberación. Hallé un sencillo y directo sendero y deseo indicároslo. Si para encontrar

MANTENEOS EN VUESTRA PROPIA FORTALEZA

mi felicidad hubiese confiado en el auxilio ajeno, si me hubiesen cautivado grandilocuentes frases o cedido a la adoración de imágenes o personas en las sombras de los templos, no hubiera hallado la Verdad buscada. No hallaréis la fuente de la Verdad en la adoración de algo externo, sino en la adoración de la misma Verdad.

Comoquiera que os figuráis que sin todas estas complicadas creencias y sistematizados pensamientos a que llamáis religión no podéis hallar la Verdad, esta misma conjetura os impide hallarla. Si queréis escalar una gran altura muy lejana no debéis llevar mucho peso sobre las espaldas. De igual manera, si queréis alcanzar la liberación, no llevéis encima el peso acumulado durante siglos. Habéis de desechar cuanto adquiristeis y aspirar a una ulterior comprensión.

Al buscar las aguas que han de apagar vuestra sed, no os precipitéis si sois prudentes, pues nada hallaréis con la precipitación. Por paciente comprensión y vigilando atentamente no os allegaréis a innecesarias frivolidades y hallaréis lo que buscáis. Difícil es reconocer que vuestra comprensión está en vuestro interior, y que vuestra felicidad está en vosotros mismos, porque os habéis acostumbrado a considerar las cosas objetivas como si fueran vuestra comprensión y vuestra Verdad.

A veces la duda es como un ungüento cáustico, que si bien quema, también sana, y cuando prescindáis de todo lo abyecto, cuando trascendáis todo lo superfluo, cuando trascendáis lo que habéis adquirido hallaréis la Verdad.

6. El oculto manantial

Cuando el manantial se agota y no brota el agua, es preciso sondar profundamente y remover la tierra para que de nuevo brote el agua. De la misma forma y con igual propósito debéis remover vuestro interior si queréis hallar la Verdad. Como las aguas están ocultas bajo áridos terrenos, así la Verdad está oculta en vuestro corazón. Quisiera alumbrar en vosotros un manantial que os nutriese y sustentara; mas para sondar profundamente es preciso ahondar en el suelo de modo que se halle abundante agua. Este proceso de excavación y sondeo determina el descontento, la rebelión y el abandono de inútiles cosas. Amad la Verdad por su propia belleza, obrad rectamente por amor al bien y desenvolved la interna percepción del verdadero conocimiento, porque si seguís vuestras personales opiniones traicionaréis a la Verdad, y como yo mantengo la Verdad con sumo cuidado y gratitud por su belleza, no quiero que la traicionéis.

Por este motivo os incito a la rebelión y sondeo en vuestro interior para alumbrar las aguas que han de nutriros, para encontrar la Verdad que ha de tranquilizaros y os ha de dar alegría de propósito en este mundo de confusión. Si repetís nuevas frases en vez de las antiguas, la repetición no os mostrará el camino de la Verdad. Ha de haber un cambio vital en la mente y el corazón, antes de que tengáis la interna percepción de la Verdad, la genuina comprensión de la vida. No hagáis más cómoda vuestra ya cómoda actitud mental, porque la «satisfacción» y el «contento» no conducen a la Verdad ni allegan felicidad.

Habéis de llegar a ser un genio para el desenvolvimiento de vuestra individual singularidad. El genio de un solo hombre nunca puede ser completo, porque es el resultado de la individual singularidad de muchos que contribuyeron a producirlo, y sólo entonces es perfecto.

Si queréis crear grandemente y que vuestra creación sea eterna, debéis desenvolver vuestra individual singularidad, vuestra propia perfección mediante la comprensión de la Verdad y no imitar la «perfección» ajena.

7. Amad la vida

Durante el invierno esperan anhelosamente los árboles los tibios aires primaverales; pero cuando llega la primavera, si no hay savia en el árbol no da hojas ni flores ni frutos. Os hablo de la vida que reside en todas las cosas, y en el mantenimiento de esta vida pura, robusta y vital hallaréis felicidad, no en su limitación y esclavitud. Todo el mundo se fija más en las ramas y las hojas del árbol que en la savia que lo vitaliza. Yo me fijo en la vida del árbol y no en las ramas, hojas, flores y frutos, porque opino que mientras el árbol tenga vida sana será bella su expresión. De la misma forma, si vuestra vida es robusta, vital y pura, alcanzaréis la Verdad ilimitada sin condiciones. Por el contrario, si tratáis de condicionarla la traicionaréis.

Vosotros atendéis al aspecto del árbol, a la poda de sus ramas y al examen de sus hojas. Os embriagáis con su perfume y no os place que se os invite a considerar la causa productora del árbol, de sus ramas, sus hojas y su perfume. Si una rama está muerta, la desgajan los vientos invernales. Tal es el hombre que no antepone la vida a toda menudencia, que no la liberta de la esclavitud en que la mantienen las frivolidades que la abruman. Para liberar la vida debéis amarla; pero preferís adorar a una imagen antes que adorar la vida en sí misma. No os encojáis de hombros al escuchar lo que digo, sino atended diligentemente y lo comprenderéis. Si os domina el prejuicio y retorcéis la vida para seguir vuestras particulares creencias, para posaros en vuestra particular rama de expresión de vida, no hallaréis la Verdad.

A fin de alumbrar aquel manantial que se convertirá en torrente y os llevará al logro de la liberación, de la Verdad y del cumplimiento de la vida, debéis descubrir lo esencial para vuestra comprensión y desechar todo cuanto sea de se-

cundaria importancia; pero si anteponéis lo accesorio a lo esencial, seréis desdichados, lucharéis y sufriréis desengaños, ansiedades y angustias. Esto es lo que estáis haciendo, porque para vosotros no es importante la vida ni su liberación. Cuando améis la vida no querréis eludir la tristeza ni la duda ni las pruebas que os sobrevengan, porque sabréis que os aportarán experiencia y que las venceréis, desbaratando las ligaduras con que sujetasteis la vida.

Para hallar la Verdad debéis dejar de lado a la adoración de la imagen y enamoraros de la vida.

Entonces alcanzaréis la inmortalidad. No teme a la muerte quien ama la vida y ve la vida en los ojos del prójimo. Amad la vida y sed leales con la vida y no con las personas, porque la adoración de personalidades no os conducirá a la Verdad.

La Verdad no pertenece a un determinado individuo ni a una determinada religión. La Verdad no se encuentra en los oscuros santuarios de los templos ni en los vestíbulos de las asociaciones ni en los libros ni en las ceremonias. Yo quisiera conduciros a la comprensión de la Verdad, pero vosotros preferiríais que os repitiese lo que tantas veces os dije. Preferiríais que os adormeciese y arrullase cómodamente, en vez de despertaros el deseo de abandonarlo todo para descubrir la vida.

Si conocierais la causa de la belleza del mundo, de las movientes sombras, no caeríais en la ilusión de las manifestaciones de vida, sino que por amor a la vida buscaríais la Verdad que es la misma vida.

8. El tiempo

Para quienes han descubierto la Verdad y logrado el cumplimiento de la vida que entraña felicidad y liberación, cesan el tiempo y sus complicaciones. Pero quienes todavía sufren el yugo de las experiencias están limitados por el pasado, el presente y el porvenir.

Quien anhele descubrir la absoluta e infinita Verdad debe reconocer que es el producto del pasado y será el resultado de su propia creación. Está ahora manifestando y exhibiendo de su ser lo que sembró en el pasado. Y así como el hombre es producto del pasado, así por sus acciones de ahora puede determinar su porvenir. El mañana depende del hoy, y por tanto el hoy determina el mañana. Quien logra gobernar su porvenir, lo domina. Estáis trayendo el futuro a lo presente. Todos en el mundo están atados por las tradiciones, temores, vergüenzas, creencias y moral del pasado. Si continuamente miráis hacia atrás, no descubriréis la Verdad, pues la eterna Verdad está siempre delante de vosotros. Si así lo comprendéis no os aferraréis al pasado y no estaréis condicionados por los pensamientos, las acciones y los sentimientos y la moral del pasado porque de otro modo estancaríais y ligaríais vuestra vida. Cortad los lazos del pasado como el leñador se abre paso con la segur a través de tenebrosa selva para hallar tierra campa, y refrigerantes brisas. Porque el pasado siempre ata por glorioso, fructífero y sazonado que haya sido, y quien anhele liberarse ha de mirar adelante.

Si queréis construir y crear en el refugio de la eternidad no debéis poner en conflicto el pasado con el presente, sino invitar al porvenir a que contrarreste lo presente.

No comprendéis ni el presente ni el porvenir porque vuestra mente y corazón están atados por tradiciones y creencias, por los sagrados libros del pasado, por las densas sombras de los templos, por

el recuerdo de los dioses. El tiempo, tal como el hombre lo comprende, os separa de vuestra meta. Por lo tanto, para emular el tiempo, debéis vivir ahora de tal modo que dominéis el futuro y lo convirtáis en presente.

Las gentes gustan de figurarse que han de recibir gloria en el futuro o descansar sobre los laureles de lo que fueron en el pasado. ¡Qué idea más cómoda! Pero la creencia en vuestra grandeza en algún lejano porvenir no os ayudará a gobernar vuestra vida en el presente con sus luchas y con la mente y el corazón confusos.

No quise yo ser grande en el lejano porvenir, sino que deseé ser feliz y liberarme en el presente, trascendiendo las limitaciones del tiempo. Así traje el porvenir al presente y, por ello, he conquistado el porvenir.

No viváis en el futuro ni en las muertas cosas de ayer, sino más bien vivid en el inmediato ahora, con la comprensión de que sois producto del pasado y que por vuestras acciones de hoy podréis gobernar el mañana y ser dueños del tiempo, dueños de la evolución y, por tanto, de la perfección.

Así viviréis con mayor intensidad y cada segundo será de provecho y cada momento tendrá valor. Pero os asusta semejante presente. Os gustaría mucho más estar condicionados por el pasado, porque teméis el porvenir. Pero no temen el porvenir quienes caminan hacia la comprensión.

Si queréis lograr el cumplimiento de la vida debéis traer el futuro al presente y suscitar el conflicto en vuestro interior, pues la satisfacción y el contento no os darán felicidad, sino que os estancarán en el camino. Si anheláis conocer la verdadera felicidad habéis de luchar en vuestro interior de modo que de la lucha resulte el florecimiento de la vida.

Desechad el pasado con todas sus glorias de terrible hermosura, con todas sus tradiciones tan amplias y, sin embargo, tan condicionadas, con todas sus moralidades que sofocan la vida, y mirad en vuestro corazón y mente para descubrir lo que os aguarda en el futuro. Porque así como sois producto del pasado y podéis gobernar el futuro, así el futuro puede convertirse en presente y vivir vosotros en ese presente.

9. Creación sin forma

Desde estos campos iréis a todas las partes del mundo llevándoos lo que habéis comprendido, y también por desgracia lo que no comprendisteis. Si es de mayor cuantía lo que no comprendisteis, pervertirá lo que comprendisteis. Quisiera daros la inmarcesible flor de la comprensión para que la pudierais tener siempre con vosotros en nuestro corazón.

La Verdad es como una llama sin forma definida, que varía a cada momento. Nadie es capaz de describirla, pero sólo la luz de la Verdad puede iluminar vuestros pasos, con tal que guardéis siempre con vosotros la flor de la comprensión.

No seréis capaces de ver la plena belleza de la manifestación si os marcháis con frases y palabras e ideas incompletas. Oigo decir a muchos: «He de renunciar a la música y a la pintura. Ya no puedo disfrutar de la sombra de los árboles ni de los esplendores del ocaso ni de los reflejos de un atardecer en la superficie de las aguas». Pero si esto es lo que comprendéis cuando digo que la vida es más importante que sus expresiones, invalidaréis la belleza de la expresión y habréis de crear de nuevo la belleza. ¿Acaso pensáis que toda la belleza que os rodea en expresión y manifestación es para prescindir de ella y no admirarla?

Así como el agua es necesaria para la belleza del loto, y como el loto hermosea las aguas, así cuando se estropea la expresión de la vida, y se hace repugnante y horrible, entonces la misma vida se pervierte, mutila y afea.

Por ello, no ceséis de admirar la belleza. No reprimáis la risa, el júbilo que despierta en vuestro ánimo la vista del ondulante follaje. No empequeñezcáis las expresiones de vida por incomprensión del propósito de la vida. Para llevar esta expresión a su perfecto cumplimiento, la vida debe estar li-

CREACIÓN SIN FORMA

berada, no ha de estar atada por tradiciones ni por estancadas moralidades y creencias. Las expresiones de vida serán entonces naturalmente bellas.

Han concurrido millares de gentes a estos campamentos y ¡cuánto bien podrían hacer en el mundo si todos comprendiesen! Mañana mismo podrían cambiar la faz del mundo. Su expresión sería diferente porque se le habría infundido nueva vida.

A esto aspiro. Tal es el único anhelo que inflama mi corazón. Quisiera despertar la vida y llevarla a su perfecto cumplimiento, porque veo tristeza y corrupción, dolor y sufrimiento, pasajeros goces y transitorias fantasías. Vosotros al marcharos debéis haceros cargo de vuestra responsabilidad. No se ha de jugar con la Verdad ni se ha de corromper con la incomprensión, sino fomentarla con la plena inteligencia del propósito de la vida. Si habéis tenido una vislumbre de la Verdad, si vais por el sendero de la comprensión, podréis transmutar el pensamiento y los sentimientos del mundo; pero antes de cambiar la faz del mundo es preciso que cambien vuestro corazón y vuestra mente. Con este motivo os habéis congregado, y habéis estremecido, como espero, los fundamentos de vuestra complexión. Vinisteis a descubrir a la luz de la Verdad lo perdurable, lo que resiste a las tormentas, y distinguirlo de lo accesorio, de lo trivial y que debéis abandonar.

Por este motivo os he exhortado a que invitéis a la duda para examinar inteligentemente cuanto adquiristeis en el pasado. La adversidad es un crisol por el que todos deben pasar. Las acerbas luchas, las profundas tristezas y los intensos goces elevan la Verdad hasta la sublime sencillez. Para soportar la adversidad no impuesta sobre vosotros por mano ajena, debéis invitar a la duda; pero si la duda se insinúa inconscientemente en vuestro corazón, no lo purificará. Sólo podréis purificarlo invitando deliberadamente a la duda.

Quienes verdaderamente quieran comprender y realizar su anhelo han de invitar al futuro y dejar que el futuro se ponga en conflicto con el presente, que es el fruto del pasado. Pero no queréis hacerlo así, porque todos vuestros pensamientos y emociones se cifran en el pasado. Habéis juzgado por el pasado cuanto os he expuesto; pero la Verdad no está sujeta al pasado ni al presente ni al futuro. Para comprender la Verdad debéis abandonar cuanto habéis adquirido, y no apegaros al pasado por hermoso que sea. Si el pasado os parece tan fructífero, si el pasado en su decadencia os es tan querido, si el pasado ejerce tanto dominio en vosotros ¿por qué estáis aquí? Estáis aquí porque afrontáis el porvenir. Para comprender el porvenir debéis desechar lo pasado y poner el porvenir en vuestro corazón y mente y asiros a él con el desesperado anhelo del que se ahoga y ansía aire. La gloria del hombre no consiste en morar en un lejano futuro, sino aportar el futuro al inmediato presente.

Os digo, amigos, que aquí está Uno mayor que vuestros libros, ritos, religiones y creencias y si queréis aprender a comprender la Verdad debéis desechar el pasado, por confortable, placentero y deleitoso que haya sido y acoger favorablemente el futuro. Si os apegáis al pasado y lo adoráis, seréis como muertas cepas que con algún agua retoñan con nuevos racimos.

Para construir sólidamente debéis traer al presente el futuro, la Verdad y la vida en perfecto cumplimiento. Para crear magnamente, para crear perdurablemente debéis comprender y no seguir ni obedecer ni allegaros a nadie más que a Vosotros Mismos y entonces seréis leales con todos.

De las palabras que os he dicho no repitáis las que no hayáis comprendido. No disfracéis mis ideas, porque será una ilusión en que os engañaréis.

Quisiera establecer en vuestra mente y corazón la Verdad que no tiene forma y que, por tanto, es eterna.

Quisiera mudar vuestro corazón y mente en la sombra de la eternidad.

Cuando cambiéis y construyáis sobre el Amor de la Vida y su comprensión será sempiterno lo que edifiquéis. No quiero contraerme a modelar una puerta que no es más que una expresión de vida. Siempre podréis cambiar la expresión de vida, pero si queréis construir eternamente a la luz de la Verdad, debéis amar la vida con nuevas ideas y comprensión para nutrirla. La única creación eterna es la que carece de forma, con la vida en sí misma y no con expresiones de vida. Necesitáis de mí, para crear vuestras expresiones, para establecer las disciplinas que debéis seguir. Necesitáis de mí que soy la Vida, para modelar la puerta. Pero como yo no me relaciono con las expresiones y manifestaciones de vida, no estáis satisfechos. Necesitáis de mí para tratar con lo transitorio en vez de lo eterno.

Deseo establecer los cimientos de la Verdad en vuestra mente y corazón. Tal es la obra de vida y, por tanto, de lo eterno. Hasta ahora no habéis mostrado interés por dicha cimentación ni establecido en vuestro corazón ni ponderado esta Verdad. Os habéis ocupado continuamente en lo pasado, en menudas equivocaciones, corrompidos por la obediencia, con predilecciones por los individuos y la adoración de intermediarios e instructores. ¿No es preferible buscar la vida eterna que siempre os alimentará, a buscar refugios que varían a cada momento, y os exponen al decaimiento y la estancación?

Creedme, porque os lo digo de todo corazón: amo la vida que en Todos Reside, y por amarla la quisiera liberada; pero vosotros no lo queréis así; queréis el pasajero amor, el transitorio auxilio y el bálsamo que calme vuestro momentáneo dolor. Deseáis lo que percibís; pero si vuestra percepción es limitada y está condicionada, vuestro deseo será la causa de vuestra aflicción.

En cambio, si vuestra percepción no tiene límites, si trasciende las creencias y las tradiciones, entonces vuestro deseo no tendrá limitaciones y será la vida misma.

No amáis la vida; amáis el pasado, y la vida nada tiene que ver con el pasado. La vida, como las aguas corrientes, siempre sigue adelante, sin detenerse ni estancarse.

Como quiera que Uno mayor que todas estas cosas está con vosotros, yo espero que lo comprendáis en la plenitud de vuestra mente y corazón, para así encender la luz que os guíe y sea no la luz de otro, sino vuestra propia luz. Marchad, id con el espejo de la Verdad que refleje vuestra vida con el Amor y la comprensión de la Verdad.

Índice

1. El propósito de la vida 9

2. Felicidad y deseo 17

3. Comprensión.. 29

4. Indagación 43

5. Manteneos en vuestra propia fortaleza 61

6. El oculto manantial...................................... 67

7. Amad la vida 71

8. El tiempo 77

9. Creación sin forma 83